Na Saighneáin

NA SAIGHNEÁIN

Cathal Ó Searcaigh

Ian Joyce
Falaín

ARLEN
HOUSE

Na Saighneáin

is published in 2014 by/Foilsithe i 2014 ag
ARLEN HOUSE
42 Grange Abbey Road
Baldoyle
Dublin 13
Ireland
Fón/Facs: 00 353 86 8207617
Ríomhphost: arlenhouse@gmail.com
arlenhouse.blogspot.com

International distribution/Dáileoirí idirnáisiúnta
SYRACUSE UNIVERSITY PRESS
621 Skytop Road, Suite 110
Syracuse, NY 13244–5290
Fón: 315–443–5534/Facs: 315–443–5545
Ríomhphost: supress@syr.edu
www.syracuseuniversitypress.syr.edu

978–1–85132–094–3, hardback/crua
978–1–85132–095–0, softback/bog

Eagarthóir ¦ Seosamh Mac Muirí
Clóchur ¦ Arlen House
Priontáil ¦ Brunswick Press
Saothar Ealaíne ¦ Ian Joyce

Tá Arlen House buíoch de
Chlár na Leabhar Gaeilge
agus d'Fhoras na Gaeilge

Foras na Gaeilge

Contents ¦ Clár

Tiomnaím an leabhar seo do bheirt
a chur cor úr i saol na hÉireann:

Máire Mhac an tSaoi
agus
David Norris

RÚN BUÍOCHAIS

Ba mhaith liom mo bhuíochas ó chroí a ghabháil le mo sheanchara, Seosamh Mac Muirí a rinne dianobair eagarthóireachta ar na dánta seo. Tá sé de bhua ag Seosamh go bhfuil lé ar leith aige le mo chanúint áitiúil féin agus tuigbheáil, de bhrí sin, ar thábhacht na canúna sin i gcumadh na ndánta.

Buíochas leo seo a bhí páirteach a bheag nó a mhór i ndéanamh an leabhar – le Fiona agus Paddy Bushe as a gcúram agus a gcairdeas; le Gabriel Rosenstock as spreagadh na gcianta; le Reuben Ó Conluain as cluas éisteachta na foighne; le Micheál Ó Ruairc as an fhocal moltach i gcónaí; le Brendan Twomey agus Muireann Ní Nuanáin a thugann treoir agus casaint; le Micheál Ó Conghaile as a dhúthracht; le Moya Brennan, guth na háille agus croí na féile; le Pól Brennan as cairdeas an cheoil; le Seán Mac Aindreasa a thugann lámh chuidithe i gcónaí; le Ian agus Oona Joyce a dhéanann comharsantacht mhaith; le Róise, Nóra agus Peadar a chonaic na Saighneáin.

NA SAIGHNEÁIN

I

ALTÚ AN TSOLAIS

Altú an tSolais

Ní i nDia atá mo dhóchas
ach sa tsolas;
sa tsolas órbhuí, ghlórmhar, uileghabhálach seo
a thig chugainn
ó réimeas i bhfad uainn
is a thuirlingíonn orainn
go grástúil, glé, spreagúil,
ag spré a thíolacthaí mórthaibhseacha
go fial is go heolgaiseach
ar shaol maoldorcha na cré.

Ní i nDia atá mo leas
ach sa tsolas;
sa spré réidh ardréime seo
a shoilsíonn go suáilceach
ar chnoic is ar chaoráin
is a chuireann dé bheo an lae
ar lasadh i ngach gné dár gcineál.
Tar éis na mbeart, tá an tsuáilce sin aige,
a bheith ábalta na fearta féile a dháileadh gach lá
óir is eisean an Cách a chothaíonn ár mbeatha.

Ní i nDia atá mo shólás
ach sa tsolas;
sa tsolas tíriúil seo a bhfuil siúl faoi
agus é ag scaipeadh a shoiscéal aoibhnis
ar gach ní ina shlí, ag tabhairt spreagadh don fhuiseog
agus ardú meanmnan don bhachlóg;
ag tógáil ghruaim an gheimhridh
d'éadan lom na mbailte fearainn.
Seasaim sa doras cuachta ina bhachlainn
is ligim mo throm ar a ghualainn.

An Siolastrach

Domhsa is tú
ruithne ghlé bhuí
an Mheithimh.

Mo bhláithín caoin
atá chomh mín
le heiteog na riabhóige.

Is tú an ríon óg
sa díobhóg do shlánú féin
faoin ghréin.

Do theangaidh bhuí bhinn
bhláfar ag móradh
an tsolais.

Bé na céille
ag baint sú as an tsaol
sula gcaillfidh tú

do ghné is do ghnaoi,
sula dtiompóidh tú
arís i do chré.

ÓMÓS AN TSIOLASTRAIGH

Bíodh blátha na dtulach
ar gach taobh,
an mhínscoth agus an garbhlus;
ní hiadsan atá mé a mhaíomh,
ní hiontu atá m'iontaoibh
ach sa tsiolastrach bhuí, saoi na díge,
a thógann mo chroí lena aoibh.

A cheann glébhuí cocánach
ag luascadh go háthasach,
áras a chléibh ar leathadh
do sholas caoin an tsléibhe
agus é ina sheasamh go croíúil
i ndíobhóg an bhóthair
agus mé ag gabháil chun an tobair.

É ag meabhrú domh gach lá
lena líofacht bhuí lúcháireach
go dtig gach doiligh a shárú
agus cé go bhfuil mo shaothar
ag gabháil amú san abar
gur éirigh leisean borradh
agus bláthú as abar agus clabar.

Bíodh blátha na dtulach
ar gach taobh;
lus Cholm Cille is coinnle Mhuire;
ní daofa atá mé ag géilleadh
ach don tsiolastrach chaoimh
a spreagann mé lena aoibh
le suí anseo san abar ag altú na gréine.

Do *Sarah Bogati* – Agus Í Aon Mhí d'Aois

Is aoibhinn liom
do ghutaí pléascacha
do shiollaí srónacha
do chomhfhocail chaointeacha
as teangaidh gan inscne.

Tá deis a labhartha agat
i gcaoineadh agus i ngáire
i liú agus i mbéic.
Tá tú ábalta tú féin
a chur in iúl i dtost.

Agatsa atá teangaidh
líofa na mbuafhocal.
Ó do chliabhán ríoga
fógraíonn tú go haigeanta
féinriail an bhriathair.

Níl ach aimsir amháin
i do theangaidh shuáilceach.
Tá tusa beo bríomhar
agus ag gníomhú, a chroí,
san aimsir láithreach.

Sin an aimsir, a stór,
a d'fhóirfeadh dúinn go léir
atá caillte san aimsir chaite
nó ar fionraí go síoraí
san aimsir fháistineach.

Do *Christopher Isherwood*

Tá mé ar leac an dorais agat, oilithreach aerach, a *Christopher,*
chuig an teach seo inar chuir tú do chló craicneach féin
ar Bheirlin do linne. Teach lóistín *Fraulein Schroeder*.

An teach dána, dea-chroíoch, cúlchainteach seo a bhí lán
de ráflaí na huaire agus de scéalta reatha na sráide.
Uimhir seacht déag, Nollendorfstrasse. Teach buíbhán,

is na colmáin ina suí ar bhalcóiní gréine na bhfuinneog inniu
ar an Domhnach sítheach sóch seo i gcathair atá faoi bhláth.
I mo sheasamh ag do dhoras tig na deora liom go tiubh

is tú ag teacht chun solais i mo mheabhair, do nochtadh féin
im' aigne cé nach bhfuil d'aithne agam ort ach aithne na leabhar
ó bhuail mé leat in *Goodbye to Berlin* tríocha éigin bliain ó shin.

Tchím tú sa tseomra úd, an troscán tromaosta Prúiseach
thart ort agus tú ag saothrú go dian ag tabhairt beatha
na healaíne don treabhlach boithéimeach, réchúiseach

a bhí ar lóistín leat anseo i dtús na dtríochaidí;
na carachtairí ar bhronn tú buanchlú orthu agus báidh –
Mr Norris, Fraulein Schroeder agus *Sally Bowles* álainn na
hamaidí.

Tá mé ar leac an dorais agat anois ach tá tionóntaí eile
i mbun an tí, *Weiss* agus *Wagner, Miller* agus *Bretner,*
ach ní hiadsan a fheicim ach tusa; an grinneas úd i do shúile

agus tú ag féachaint orm, gan a dhath le himeacht ort;
an grinneas úd lena dtug tú Beirlin i mblianta thús na broide
chun solais. Beirlin somheallta an tsómais. Beirlin bocht an
ghorta.

'I'm a camera', a dúirt tú féin agus b'fhíor duit sin go cruinn
óir cheap tú an saol anseo go beo, beatha reatha na cathrach
faoi lionsa líofa na bhfocal agus uair chruaidh na cinniúna

buailte léithe; na Naitsithe agus a gcuid bithiúnach ag brú
chun cinn; ag bruíon agus ag borbú troda ar na sráideacha;
na léirsithe namhaideacha, na slógaí dúshlánacha, an
sluaghríosú,

an chaithréim bhréige agus Hitler ag bradú a shlí
go dtí an Reichstag. Cheap tú é go léir, a *Christopher*,
an chathair seo ab ansa leat agus í ag cailleadh a gnaoi.

Tá mé ar leac an dorais agat anois agus cé go bhfuil tú i gcré
seo chugam thú ar do sheanléim aerach anuas an staighre
agus rógaireacht éigin ag fabhrú i do shúile glé.

Agus ar shiúl linn fríd na sráideacha seo; Eisenacher,
Motzstrasse, Fuggerstrasse, i measc na mbeáranna flúirseacha
agus a gcuid buachaillí áille, gormshúileacha, fiáin, a
Christopher,

an cineál a dtug tusa taitneamh daofa ariamh, a chroí,
Otto, Bubi, Heinz; seo chugainn iad, gealgháireach agus
fáilteach.
I ré seo an tsaoil réidh ní gá daofa aon cheann faoi

a bheith orthu agus iad amuigh go teasaí, péacach,
málóideach,
sa *Blue Boy*, Tigh Tom, sa *Pussycat* agus i b*Pinnochio*.
'Life is a cabaret old chum', a deir tú liom sula n-imíonn tú as
mo bhrionglóid.

Ó mo cheol tú, a *Christopher*. Bhain tusa séis cheoil as an tsaol
oícheanta feise fadó sular chuir *Hitler* críoch chéasta le ré
na gCabaret Aeracha is lena mbuachaillí bána; do
bhráithre gaoil.

Is nuair nach dtiocfadh leat an tíorántacht a sheasamh níos mó
d'fhág tú Beirlin, tú féin agus *Heinz* caoin, bogchroíoch an
cheana
ar aistear an tseachráin agus tú ag lorg tír thearmainn dó

ar fud na Mór-Roinne is gan romhaibh ach doicheall agus
diúltú;
agus nuair a gabhadh é faoi dheireadh bhris sé do chroí.
Is tuigim do chaill, a *Christopher*, nó níl mé féin saor ón
phianbhrú

a bhaineann le scaradh bristechroíoch na gcompánach;
ach choinnigh tú ag gabháil, an solas daonna ag dealramh
id' fhocail,
an daonnacht ag cuisliú i bhféitheacha do scéil go suáilceach.

Seo mé ar leac do dhorais, a *Christopher*: doras beannaithe
an tsóláis
domhsa is do mo leithéidí a thig anseo le tú a adhradh.
Duitse, a naomhaigh
ár mbeatha aerach, fágaim pósaí focail síos anseo mar
chomhartha ómóis.

II

TEANGA AN GHLEANNA

Do Lillis Ó Laoire

1

Is tú teangaidh Aimhirgin
agus é ag teacht i dtír
go teann ar thonn na díleann
ag cur críocha fáin na hÉireann
faoi gheasa buan a dháin
in Inbhear diamhair Scéine.

Is tú an teangaidh ghaile
a chan Cú Chulainn
agus Cúige Uladh faoi ionradh.
Rosc chatha an ghaiscígh
a chuisligh anuas chugainn
ó ghlúin go glúin, ár ngríosú.

Is tú canúint ard na mbard
i gcúirt sároilte Uí Néill,
béarlagar uasal an léinn
lán de chiall is d'eagna chinn
is tuigeadh tú i measc na suadh
ó Chúige Mumhan go Gleann Dá Ruadh.

Is tú ansacht bhinn na bhfilí,
leannán rúin a gcuid amhrán;
béal an tsóláis, brollach na flúirse,
tusa a spreag a ndúthracht;
an mhaighdean lenar luí Ó Doirnín
agus bé úrmhaidine Airt Mhic Cumhaigh.

Oíche is lá ar feadh mo dhearcaidh
is tusa a chím, do chló sa chroí,
do chiall sa smior, do bhrí san fhuil.
Leatsa na briathra seo atá
ag beathú m'aigne, ag cothú mo chuimhne.
Ionatsa amháin a bhuanaím, a ghrá.

2

'Cuir an fód íochtar in uachtar
is músclófar an pór
atá ina chodladh faoi thalamh',
a déarfadh sé i dtólamh
agus é ag oibriú i gcré a chuimhne
le scéal ón tseanré
nó nath éigiṇ cainte
a thabhairt i gcraoibh
le haoibh a chur ormsa.

Bhí mé ró-óg le leas
a bhaint as an tseanchas
a bhí i dtaiscidh i gcréafóig
thorthúil a chuimhne
nó le meas a bheith agam
ar úire thalún a aigne
is nuair a cuireadh é
thug sé leis chun na cré
fómhar feasa a dhúchais.

Anois seo mé ag gabháil
i gcosúlacht leis
lá i ndiaidh lae is mé
ag tiontú na créafóige
i m'iomaire beag féin
de theangaidh na treibhe;
ag iarraidh a bheag nó a mhór,
an pór atá i bhfolach
in ithir na bhfocal
a bhíogadh chun craoibhe.

3

Is é is cúis mo chaointe anois
go bhfuiltear ag ligean
do ghabháltais na teanga
is d'ithir mhéith an dúchais
a ghabháil chun fiantais
i bhfearainn bharr an Ghleanna.

Tá talamh tíre mo mhuintire
á thréigean, an míntíriú is an saothrú
a rinne siad i gcuibhrinn úra
na saíochta, an leasú i ngoirt
na líofachta, an síolchur fada
i gcréafóig mhín na cainte ag gabháil
faoi scraith gharbh an dearmaid
i gcúig achadh seo mo chineáil
i bhfearainn thréigthe an Ghleanna.

Is é cúis mo chaointe anois
go bhfuil an t-aos óg dá dtógáil
ar díth a ndúchais is a dteanga;
dream bocht stoite gan bhród
ag éirí aníos ar thalamh tur an easbhaidh
ina nglúin gan fód
i bhfearainn loma an Ghleanna.

4

Inniu tá an seanbhunadh ina luí
i leapacha na n-éag
is tá teangaidh eile i réim
san áit a raibh buanaíocht ag a ngéaga
le cuimhne na seacht nduine.
Anois tá a dtailte amuigh bán
is a n-éifeacht chainte gan iomrá.
Níor shamhlaigh siad ariamh
go dtiocfadh an lá
nach mbeadh a dteangaidh
faoi ghrásta na buanseasmhachta
anseo i Mín a' Leá.

Is a ndálta siúd ní rófhada
go mbeidh do ghleosa is d'iomrá
imithe as cuimhne na mbeo
is an píosa beag talaimh seo
a shaothraigh tú mar fhile
imithe i bhfiaile na faille.
Bí i do thost feasta, a chroí.
Tá tú i bhfeascair do lae.
Rachaidh tú i gcré
in ithir mhilis do mhuintire
sa talamh dílis a dtáinig siad i dtír air
in am na díthe, in am an anáis.

Beidh anam sa chuideachta
is tú ag meascadh leis an tseandream;
fir chnámhacha an tseanchais
is mná géagscaoilte na scéal.
Gaolta líofa na gcnámh!
Brollach le hucht, giall le leiceann,
bhur lámha thar a chéile,
dhéanfadh sibh bhur gcomhrá

go fada buan i suan na gile
sa teangaidh a chan bhur ndaoine
ó thánadar thar droim na díleann
le Míl is lena mhac, an file.

5

Inniu a bhé bheannaithe
tá na sceacha ag gealadh
i ngile do scéimhe.

Craobhóga beaga tíme
atá i ngach dlaoi de dhlaíóga
cumhra do chúil.

Shíolraigh tú, a chroí,
ó ríshliocht uaibhreach
an tseanreachta. Is tú teangaidh

mhaorga, mhórchroíoch
na tíre is na treibhe
dár ghéill mo chineál go buíoch.

Ba tú ariamh leannán gaoil
na bhfilí, an bhé a thug brí
do dhán doiligh an tsaoil.

Mo sheana is mo shinsir
níor shéan siad a ngaol leat
ach iad i do mhóradh go síor.

Is ó dhúiche Uí Bhruadair
go Ratharsair na Leodach
bhí tú faoi ghradam ag baird.

Is trí chianta fada corracha
na gallsmachta, choinnigh tú snua
na háilleachta i do ghrua.

Óir is tusa bé na filíochta,
éifeacht eagna ár gcine
agus béal binn ár bhfírinne.

6

Agus is tusa, a mhian, a chuir
an nóta maise, an nóta fiáin,
i gceol cráite ár mianta.

Is tú leabaidh chlúimh
na seirce, tocht bog na n-osnaí,
pluid rúin an phléisiúir.

A bhean glúine an dáin,
a bhean cíche an tsolais,
a mháthair an mhaidneachain,

seo muid i gceann a chéile
trí shéan is trí léan
in easbhaigh agus i bhféile.

Nuair a bhímse, a chroí,
ag cur thar maoil asam féin
is tusa a bhíonn ag sní

óir is tusa chuisle uisce
mo chléibh, an fuarán sléibhe
a bhrúchtann le tuigse.

Is bronnann tú orm briathra
níos soilsí is níos luachmhara
ná seodra na corónach.

Ní háil liom a dhath feasta
ach a bheith ag gluaiseacht leatsa
ar each luais na samhlaíochta.

A bhé bhinn na feasa, seo linn
ar aistir na haeraíochta amach
bealach aisteach na todhchaí.

7

Is cuimhneach liom tú go maith, a *Charlie*,
a fhir shéimh, chaoinghnúisigh, bhéasaigh.
Labharfá liom i gcónaí, aoibh go dtí na cluasa ort
agus mé ar mo bhealach chun na scoile.
Bhí do theach ar leataobh an bhealaigh mhóir.

Mála leabhar thar mo ghualainn anabaí,
fód móna faoi m'ascaill is an t-ualach ba troime
ar fad a iompair agam i mo mheabhair leanbaí;
an rud ab' eaglaí liom faoin spéir go mbuailfí
mo sheacht lear orm i rang na Brúide, rud nárbh annamh

i ré úd na slaite. Ach bhí tusa ag tacú liom, a *Charlie*.
Tchím tú i do sheasamh i gceann an chuibhrinn
maidin shamhraidh agus mé ag déanamh moille
ar mo bhealach chun na scoile, deora le mo shúile.
Rith tú i leith do chinn chugam, a fhir álainn.

Is d'fháisc tú greim láimhe orm is greim gualainne.
Dhearc tú mé go grinn agus bhí fhios agam an lá sin
gur tuigeadh duit caidé a bhí do mo chrá. 'Ná bíodh eagla ort',
adúirt tú go cineálta agus tú ag slíocadh mo chinn.
'Tiocfaidh tú fríd. Tá do leas romhat agus béarfaidh tú air.

Imeoidh an phian ach mairfidh an léann'.
Tá meabhair mhaith agam ar an lá sin go fóill, a *Charlie*.
Thug d'fhocla misnigh uchtach domh coinneáil leis na leabhair.
Agus cé gur dhúirt an Bhrúid nach mbeadh lá foráis orm go brách,
bhí fhios agatsa, a Mhic Uí Shuibhne, nach leithne an t-aer ná an aigne.

Ach cogar, caidé an fód seachráin ar shiúil tú air, a chroí,
nuair a chaill tú do mheabhair i bhfómhar na bliana 1963;
nuair a cuireadh as gach léargas glinn is gach léaró solais
a ghealaigh d'inchinn is a d'fhág tú feasta sna duibheagáin
dhubha.
An lá léanmhar úd chaoin mé uiscí mo chinn.

A fhir láidir, droimleathan na haoibhe is an ghnaoi
chúlaigh tú isteach ionat féin, chúngaigh tú do shaol
idir ceithre cúinní an tí. Naoi mbliana fichead, a *Charlie*,
a mhair tú faoi chuing rúin an bhróin, gan chead ag éinne
ach amháin do dheirfiúracha súil a leagan ort.

Naoi mbliana fichead a chaith tú ansiúd i gcruachás na
haigne,
naoi mbliana fichead ag imeacht as aithne do dhaoine.
Anois is minic ag meabhrú mé ar dhála ár ndáin, a *Charlie*:
mar a chuaigh tusa as láthair ionat féin i lios an léin
is mar a tháinig liomsa a theacht as an lios chéanna, a
bhráthair.

8

Tchím í go fóill, caor dhearg an chaorthainn i mbláth
a leicinn agus in ainneoin go raibh sí anonn i mblianta
bhí sí ógánta ina cuma. Seanbhean dhiaganta a chan
glóire Dé is a Shoiscéal. 'Níor lagaigh sé ariamh mo ghuth',
a déarfadh sí. 'Go dté mo bheatha i mbláth is i mbiseach Dó'.

Tchím í m'aigne, drúcht glé na maidine ag dealramh chugam
as a ceannaithe beannaithe, as a caint dhiaga.
'Is tú cré d'athara agus paidir do máthara', a deir sí go ceansa
agus muid ag comhrá cois bóthair. 'Tá tú ag fáilt tógáil mhaith'.
Éistim léithe, a cuid Gaeilge chomh súmhar le sméara na
gcraobh.

Tchím í sa tsiúl, seál dubh casta ar a cloigeann
maidin Domhnaigh agus í ag pilleadh ón Aifreann.
'Ní bheidh i bhfad go dtiocfaidh na haingle fá mo choinne',
a deir sí go dáimhiúil, brú anála uirthi ag tógáil na malacha.
'Níl siad i bhfad ó láimh anois le cuidiú Dé'.

Seo anois mé is an saol ag teacht géar orm féin
is gan aon rómhuinín agam i nDia righin an tSoiscéil.
Shéan mé a ghnása, sháraigh mé a bhéasa, ghéill mé
do Dhéithe na nDúl; dóibh siúd ar umhlaigh mo chineál
roimh theacht do Chríost. Ach a Chiot, a dhuine dhil,

níor thréig mé an teangaidh dhiaga, an teangaidh phágánta
a bhí i mbláth a toraidh i do chuid cainte agus cé
go bhfuil sí ag meath san áit a raibh sí líofa, craobhach le do ré,
is díthe a thugaim mo dhílseacht, díthe a shléachtaim glúin.
Do theangaidh, a Chiot; béal na bé agus urlabhra mo Dhéithe.

9

D'éiríodh na focail
as míodún a bhéil
amhail nótaí ceoil
a mbeadh eiteoga fúthu
agus é ag inse scéil.

Is bhíodh amharc aeir
is iontais ar fud an tí –
limistéir na mistéire
ár n-aoibhniú, féaraigh
sléibhe an tslua sí.

Is séis cheoil a scéil
ár dtógáil asainn féin,
ár dtabhairt ar shiúl
ó dhúlaíocht ár mbeatha
chuig gile na gréine i gcéin.

10

B'ise cailín deas crúite na mbó
amuigh ar bháinseach úr na maidine
ag dáileadh bainne as crúiscíní geala,
an cothú intinne ab áil le mo chine.

Ach anois ar na saolta deireanacha seo
níl ann ach go bhfuil sí fós beo;
idir an Greim Gasta agus *Sergent Peppers*
siúd í ag imeacht gan treoir sa cheo.

11

Tchím seanbhád ar an trá
agus é ag titim as a chéile
i ngal agus i ngaile
mhórchumhachtach na mara.
Ní sheolfaidh sé níos mó.
Ní thabharfaidh sé éinne 'na bhaile.

12

Bhí sí ag foghlaim na Gaeilge
le mí dá leointe féin
ón idirlíon agus ó sheanfhoclóirí
a cheannaigh sí ó mhac léinn
a rinne ar shiúl leis féin i mBeirlin.
Ach ní raibh aici go fóill
ach an Béarla i mbréagriocht
na Gaeilge. Teangaidh gan chroí.
Teangaidh thaibhsiúil, idir eatarthu,
gan bhrí.

'Tá Gaeilge fuilteach crua',
a deir sí. 'Níl tuairim lag agam
faoi gramadach is trua'.

Féachann sí anonn i dtreo
an Chnoic Bhric
is le tréan tuigse
samhlaíonn é le seanbhó,
a ceann faoi ag ól uisce
as díobhóg mharbh portaigh.

13

Is cuma cé chomh fada
is a théim i gcéin;
is cuma cé chomh doimhin
is a thomaim mé féin
i dtuairimíocht ón imigéin
is anseo atá brí mo dháin
sna bailte beaga fearainn seo
idir na cnoic agus na caoráin
san áit a bhfuair mo bhunadh cothú agus dídean.

Seo taobh tíre mo mhuintire,
fearann a ndúthrachta.
Anseo tá teangaidh agam a labhrann
le mín agus le mullach,
le cnoic agus le cuibhreann;
teangaidh a thugann údarás domh
mé féin a fhódú ina gcuideachta
is iad a ghairm chugam le meas
mar a rinne mo dhaoine le sinsearas.
Anseo bím ar mo shuaimhneas
agus mé ag déanamh ginealais
le treibh agus le talamh.

14

Casadh Meiriceánach óg as *Missouri*
orm anocht thíos Toigh Ruairí.
Dannie Luigi Friel-Dalaski.
Ógfhear ard, cnámhach, caol.
É ag fiosrú a chúlra is a lucht gaoil
anseo i gCloch Cheann Fhaola.

Chuala sé ariamh gur cuireadh a bhunadh
as seilbh am an Drochshaoil
ach gur éirigh leis an té ab éirimiúla
den chlann, Dan Mór Ó Frighil,
a ghabháil go *Pittsburgh, Pennsylvania.*

Crann de fhear a bhí ann de réir
seanchas an teaghlaigh. Uaidhsean
a shíolraigh *Dannie* agus an chuma sin air.
Bhí craobh Iodálach as *Calabria*
ar an chrann ghinealaigh fosta
agus géag Ghiúdach as *Lithuania.*

Dannie Luigi Friel-Dalaski.
Suim fola na gciníocha
agus comhthionól na nginealach.
Bhí sé ag lorg cé hé féin
sa tslua ilghuthach, phórghnéitheach
as ar gineadh é. Bhí fuilabiliú a dhúchais
is cosúil ag tógáil bruíne ina aigne.
Ach le ham, bhí sé cinnte,
go dtiocfaidh ar an duine
a ba dual dó a thabhairt ina iomláine.

D'fhiafraigh sé domh
caidé mar a déarfá i nGaeilge.
'Patience is always rewarded'

Ag cuimhniú ar a chúlra Giúdach
tháinig an nath seo liom láithreach.
'Am agus aimsir, bhéarfadh sé an seilide
go Iarúsailéim'. Ag míniú éirim
na bhfocal dó, céim ar chéim,
bhain a mbrí géim gháire as.
'I hear you, man, sweet and clear.
I want to live your language.
Big Dan Friel spoke Gaelic.
I carry the memory of it in my ears'.

Mhol mé dó a ghabháil
go Baile na Bó, go hOirthear Dhumhaigh
agus go Doire Uí Fhrighil.
Bhí daoine dá shloinneadh, bunadh
Uí Fhrighil, ina gcónaí ansiúd go fóill.
Cheistigh sé mé ansin
faoi bhrí na n-ainmneacha áite sin
agus nuair a bhí rún na mbailte fearainn
tugtha chun solais agam, arsa seisean,
ar son grinn, *'Hey man, that was awesome.*
You really know how to get the jinn
out of the Dinnseanchas'.

D'fhág mé slán aige agus é ina shuí
ag ithe sicín *tandoori*
agus ag ól tae dubh searbh
i mbialann Indiach Toigh Ruairí.
Dannie Luigi Friel-Dalaski –
gal toite ag éirí chuige ón chistineach
ar nós slua na marbh.

15

'Tá mo mhac i *Melbourne*, m'iníon i *Sydney*.
Bím ag comhrá leo i gcónaí Dé Domhnaigh.

An dóigh a bhfuil rudaí anois, níl a dhath le saothrú anseo
ach amuigh in *Australia* tá an t-ádh ag siúl leo.

Tá *Freddie* ag obair faoi thalamh, is tá *Sally* ag múineadh.
Tá cumhaidh orm ina ndiaidh ach caidé atá le déanamh.

Ba chóir domh a bheith buíoch. Tá *Skype* agam le cúpla mí.
Níl fhios agam faoin Rí, caidé a dhéanfainn ina easbhaidh'.

Is cuimhnímid beirt ar na glúnta a d'imigh as seo fadó
nuair nach raibh guthán, chan amháin ceangal bhideó

le daoine a choinneáil i dteangbháil lena chéile
agus iad scaipthe ar an fhán fada i bhfad ó bhaile.

Agus orthu siúd a thug a gcúl lena ndúchas ina mbeatha úr
is nár chuir go fiú litir fholamh abhaile chuig a mbunadh.

'Ní labharadh mo bheirt féin a dteangaidh agus iad sa bhaile.
Anois tá fuadar cainte orthu i nGaeilge agus iad i dtír eile'.

16

Nuair a chanann tusa, a chroí,
amhrán ar an tsean-nós
ní mhothaím go bhfuil ár dteangaidh
in ísle brí ná ag fáil bháis
ach níos iontaí fós dúisíonn sí
as cuisle bhríomhar an cheoil
agus gnaoi na hóige ar a gnúis.

17

Sa tséasúr idir eatarthu seo
nach bhfuil ina fhómhar ná ina gheimhreadh,
níl sé ag cur ná ina thuradh.

Ceo bháisteach ar feadh an lae,
an spéir ag ísliú is an domhan ag cúngú.
Tá néal mór bogshéidte

ag trasnú an tsléibhe ó Ghleann Bheithe,
bogán lán de mharbhsholas bán.
Ó starrán binne ar an Mhín Bhuí,

tchím cága ina suí go callánach
ar shreanga leictreacha an Ghleanna.
Shamhlófá cailleacha dubha leo

agus iad ansiúd idir tú agus léas.
Tá na caoráin ag athrú datha, ag tiompú
ó bhuí riabhach go deargrua.

Tá dreoilín teaspaigh sa mhíodún
ag ceolánacht go cumhúil as séasúr.
Tá madadh Mhary ag reithíocht ar ghabhar.

Ar bhealach portaigh na Malacha
tá seanghluaisteáin, meaisín níocháin
agus cannaí stáin ag titim as a chéile,

ag meirgiú agus ag gabháil ar ceal
i gcíbleach féir agus i gceo.
Tá caora bháite ag stánadh orm le súil bheo.

I mBaile an Gheafta, téim in abar
i bpoll maide. Siúlaim 'na bhaile go bacach,
stumpa giúise ón tseanré liom mar bhata croise.

18

Chorr Gráinne isteach chugam agus mé
ag ól tae san Fhulacht Fiadh ar an Fhál Charrach,
í lán de fhánaíocht cainte na n-óg.

'Bhí mé *ar holidays in Orlando',*
a deir sí go croíúil ina chuid nua-Ghaeilge mhoch.
'so expensive. Chaithfeá *fortune in no time.*

Tá Jason s'againne ag *chefáil* ansin.
Bhí mé cúpla lá i bPhiladelphia fosta
le *hello* gasta a rá le *Stephanie Sweeney.*

Tá *stagparty* ag an *weekend* i *Voodoo's*
do *Danny Diver.* Tá *lads* an *town wild excite*áilte.
Caithfidh mé *scoot*áil. Tá mamaí in *Something Fishy'.*

In aois chorrthónach seo na Gaeilge,
caithfidh tú do theangaidh a sháimhriú áit inteacht
idir an Fulacht Fiadh agus *Something Fishy.*

Bíodh greim agat ar do chiall, a chroí,
a deirim liom féin agus mé ar strae i sráid
ré fhiáin, sheanghnéitheach an Fháil Charraigh.

Seo anois mé idir dall agus dorchadas,
ar fán i bhfód fairsing mo dhúchais
idir an Mhín Bhuí agus Baile an Gheafta.

Ar seachrán sí idir *Meenboy* agus *Gaytown,*
sna bailte cianaosta seo atá caillte sa cheo
idir dhá theangaidh, agus leoga, idir dhá shaol.

III

NA SAIGHNEÁIN

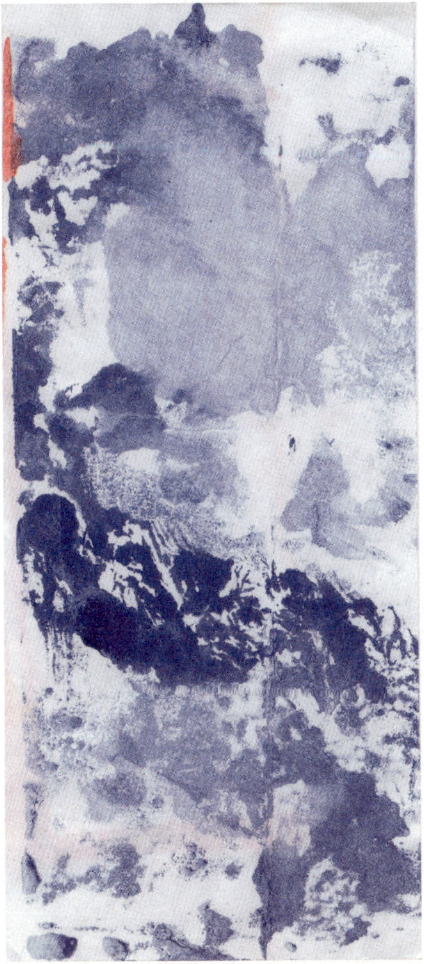

1

Ní dá dtreibh mé ná dá gcineál. Níor fheac mé glúin dá nDia is níor ghéill mé troigh dá mbéasa.

Tháinig sé de chinniúint orm a bheith beo ina measc ach ní de lucht na linne seo mé ach de chine ársa, uasal athartha; treibh fíochmhar, buíchraicneach, fuilchraosach ó iatha allta na hÁise. Ní thig liom an fhuil fhiáin sin a shéanadh.

B'fhearr liom i bhfad an suí scartha thart ar thine chnámh faoi spréach na hoíche ag ithe toirc a bhí fuinte i ngríos agus ag ól bainne ramhar na ngabhar, blas borb na gaoithe ar an chuideachta, is a dteanga fheannta ag gearradh na mionn ná a bheith faoi ghéilleadh do bhia méith, dea-bhéasach agus do chúirtéis leamh na cistine.

Ní bhím ag cóisireacht leo. Bheadh an baol ann go ndéanfainn craos bidh is dí is ina dhiaidh sin pocdhamhsa págánta i mullach a gcuid táblaí plásánta.

Ar feadh a ndearna siad de dhochar domh i mo chuibhriú lena ndearcadh cúng is lena gcreideamh righin, tá fuílleach fairsinge an fhásaigh is an tsléibhe fós im' aigne is i scóip mo shamhlaíochta is níl faichill ar bith orm aghaidh mo chraois a thabhairt ar a gcuid postúlachta.

Tchím iad de shíor i bhfís, fir fuinte mo mhuintire, mo bhráithre gaoil is ginealaigh; armshlua marcach amuigh ar ármhá an chatha, an saighead agus an claíomh á bheartú acu go sáiteach. Thug fuil an áir ár ngoile dúinn ariamh.

Níl fulaing ar bith agam ar sheomraí suí an tsómais. Déanann siad meanmna duine a mhaolú. Is níl iompar feirge ionam má thrasnaíonn lucht na postúlachta mé lena dtuairimí údarásacha. Níl ann ach mo racht a ligean uaim ar an toirt.

'Níl aon tabhairt suas air' a deir mo lucht aitheantais ar chúl mo chinn, 'níl ann ach raimsce gan mhaith'.

Is beag atá fhios acu go bhfuil braon den fhuil mhór ag cuisliú ionam i mo ghríosadh chun gnímh.

2

Níl lá dá dtig nach mbíonn sé ag súgradh i sobal cúrach an tsómais.

Ina aonar chaith sé an oíche ar leabaidh an aoibhnis ag déanamh cóisir chraois le hógánaigh an cheana.

Is beag iontais go mbíonn eacstaisí aige toigh an asail agus aislingí i gcarn an aoiligh.

Chuir póg theasaí an tsamhraidh an fear ina sheasamh ann ionas go bhfuil gach ní á ghriogadh; eadarscaradh dhá chosán, murlán dorais ag téamh i lán a bhoise, bogosnaí níolóin a dheirféar agus í ag trasnú a coise, buachaillí i ngabhal a chéile ar léana na báire.

Agus é spréite ar a leabaidh is mór a phléisiúr nuair a chuireann an ghaoth oibriú i ngéaga na gcrann os comhair an tí.

Is aerach an mac é ansin agus é ag baint sú as buachaillí aeróbacha a shamhlaíochta.

Seo anois é ag péinteáil portráidí pislíneacha de Sebastian Naofa le scuab chrábhaidh a bhoid.

Agus tá an mothú ann, aiteacht éigin ina lár go bhfuil focail rúin ag fabhrú istigh ann.

Agus é ina chodladh tig sé i bhfilíocht. Faoi mhaidin bíonn síleadh suain an dáin éirithe cruaidh ina mheabhair.

3

Laetha órshúileacha na filíochta.

Bhí an samhradh úd chomh éigríochta le saordhreacht ceoil agus Meitheamh; cneasbhuí agus griandóite ag déanamh croí isteach le gach duine,

Sa teas bhí an ceo ina bhréid allais ar éadan na gcnoc.

An samhradh sin b'eisean buachaill an tSléibhe Ruaidh agus é ag éirí de léim san aer le tréan lúcháire.

A dhá shlinneán chomh hálainn le sciathán éin agus é ag baint lán na súl as saol glas an iontais.

Ghéill éigse dó. As néal nóna labhair an riabhóg mhóna leis. Chuir carraig a bhí ina shrathairt chodlata le milliúin bliain forrán cainte air.

Samhradh ársa na hóige. Bhí arán prátaí á ithe agus píopaí cré á gcaitheamh i dtithe aolnite na gcnoc. Taispeánadh a bhí i ngach ní agus é ag siúl an tsléibhe.

Nuair a chan éan go glanghuthach i bhfánghleann na locha d'fhoscail lios an aoibhnis roimhe.

Ar bhruach an tsrutháin chonaic sé lus an tsíoda agus í ina scuaideog óg bhándearg ag mealladh na gcuileog.

B'fhacthas dó go raibh ciapóga óil ar na beacha i ndiaidh daofa an mhaidin a chaitheamh ag diúgadh na gcuach i dteach meala na haiteannaí.

Bhí sé i láthair le cuilithíní bána an chonfití a fheiceáil ag maisiú an uisce is brídeog na locha ag teacht i dtír chuig a céile cladaigh.

Ba doiligh leis a rá dá liachtaí uair a ghrinnigh sé é cé acu cáca bainise nó caisleán gallda a bhí i sciollam na móna.

Ba deas leis mar a chomhoibrigh an caonach, an crotal is na clocha le chéile lena dtaipéis dea-chumtha datha a chur os ard i dtaispeántas an tráthnóna.

Agus bhí sé ansin le teacht na hoíche nuair a d'fhoscail an feascarlus a shiopa cumhráin ar shráid na lus mór.

Aimsir óg na ngeasróg. An samhradh úd bhí fad saoil i ngach lá agus síoraíocht i ngach oíche

Ach i dtobainne tháinig ísliú ar an spéir agus cúngú ar an tsaol agus tuigeadh dó go raibh deireadh lena réim radhairc.

Le titim na hoíche shín buachaill an tSléibhe Ruaidh é féin síos ar leabaidh lom an doichill agus lig sé don fhéar gharbh fás idir leacacha a smaointe.

4

I ndiaidh an cheatha shleamhnaigh sé amach. D'éalaigh sé óna mháthair.

Meidhir aoibhnis a cheithre bliana ag coinneáil luas leis agus é ag gabháil i gcionn an tsaoil.

Éan binn a ghutha i dtiúin le ceol cealgtha an róid. Cead léim is rith aige i bhfairsingeacht fraoigh a shamhlaíochta agus é ag leanstan na bhféileacán is na bpíobairí fraoigh isteach i ndoimhneacha na coille.

Loinnir na fearthainne i ndealga an draoighin, sna neantóga móra cosfhada, i linnte dubha an phortaigh.

Ní raibh de mháistir air anois ach é féin.

Bhí gealladh solais faoin chosán, siogairlíní dearga na ndeora dé crochta ó chluasa na gclaíocha.

Bhí an solas chomh milis, chomh tarraingteach le húll bog séasúrach agus é ag gabháil isteach faoi stua ghlas na gcrann.

Bhí bean sníomhacháin sna crainn ag síneadh a méara fada rinnghéara ina threo á cheapadh ina cuid snáithí breac buí.

I dtobainne thóg na driseoga ceann corr dó agus thosaigh siad á scríobadh.

D'fhoscail poll péiste os a choinne chomh craosach le nathair nimhe.

Bhris an gol air.

Ba é ab fhearr dó a dhéanamh ná tiontú ar a chois ach ní raibh fhios aige an soir nó siar a bhí a threo. Bhí gach rud ar fud na bhfudanna ina cheann.

Bhí sé in áit gan chónaí, droimnocht na gcnoc ag géarú roimhe; na dathanna suáilceacha uilig ag teicheadh uaidh síos fánaidh réidh na coille.

Bhí éan aoibhinn a ghutha i ngéibheann ina sceadamán.

Mhothaigh sé boladh buaraí ag éirí ó urlár tais na coille. Chas sé isteach i ngleann lom na gcnámh. Réiteach tineadh, an áit a raibh na stumpáin ina dtuambaí uaigneacha dúdhóite, an áit a raibh na feochadáin ina dtaibhsí nár cuireadh ariamh faoi chónaí.

Bhí sé anois san áit a dtéann an cosán ar ceal sa scrobarnach. Áit dhorcha gan lorg.

Ba doiligh dó cuimhneamh air féin agus é ag imeacht as láthair i dtalamh gláir.

Chuala sé glórtha stráinséara ag neadú ina chluais agus é ag gabháil in abar.

Ar an drochuair rachaidh sé chomh domhain sin i nglár nach mbeidh teacht ar ais gan díobháil i ndán dó.

5

Méin mhaorga ar an Tráthnóna agus é ina sheasamh faoi mhaise i mbéal an Ghleanna.

Tig sé ó thír atá faoi réim i gcéin. Eisean draoi an chlapsholais. Tá ola dhubh na ndathanna ar a thoil aige agus é ag cur luisne dhraíochtúil sna mínte agus sna móinte, á mbuíú, á ndeargadh agus á n-ómrú.

Le cleasaíocht láimhe tá sé ábalta caille chorcra den tsíoda is mine ón tSín a tharraingt trasna na gcnoc agus ansin gan mhothú é a sciobadh ar shiúl os comhair ár gcuid súl.

Mar éan mór maiseach a thógann a chleití is a chaitheann a scáil ar a bhfuil faoi, gluaiseann sé go réidh thar mhínte meala ár n-aoibhnis, ár bhfágáil faoi chúram na hoíche.

6

Anseo tá mínte féaraigh an tsléibhe ag síneadh go mullach na gcnoc is na gaoithe.

Leathantas mór de thalamh giúsaí, chorcairfhraoch an fhómhair.

Ár dtailte le sinsearas.

Glúin i ndiaidh glúine, tá an áit ina beatha leo go fóill. Ár ndaoine romhainn. Cluinim gleo mallbhinn a gcuid cainte agus mé amuigh faoi bhéal an aeir i mínte an tsléibhe.

Seo mé le mo shean-seanathair sna hiomairí curaíochta a shaothraigh sé breis agus céad bliain ó shoin.

Ar shiúl linn anois fríd bhearnaí i gclaí fóid an gharraí isteach i gcuibhreann gréine nach bhfuil ann níos mó.

7

Tá clog mílítheach na gealaí
os cionn Tulaigh na gCarn
ag dúscadh le plimpeanna toirní
neachanna nach maireann.

Ainriochtaí aniar as na haoiseanna
ag tionól chun cruinnithe
ansiúd i marbhsholas na Samhna
thiar i ndiamhra an tsléibhe.

Tá siad ina suí ar na maolchnocáin
mórthimpeall an Tulaigh
is ar bheanna arda Loch Altáin
siar go bun na Beithí.

Neachanna neamhshaolta na hoíche
arís ar láthair an chatha
mar ar chaill siad riamh is choíche
a seilbh is a mbeatha.

A nglórthaí le clos ar an ghaoth
atá ag géarú ó Mhám an tSeantí
bristeacha borba nach dtuigim a mbrí
ach gur teangaidh í a bhriseann mo chroí.

Tá clog mílítheach na gealaí
ag bualadh ina phlimpeanna toirní
is nuair a lasann an spéir go craosach
téann a bhfaca mé ar neamhní.

8

(i)

Lá dá raibh i bparlús an tí, bhí arán plúir ar bord. Bhí uibheacha cruabhruite ann, mil agus im tíre agus mná ag riaradh tae láidir ar fhearaibh.

Bhí fear paca agus sagart ag baint suimíní beaga as gloine na hostaíochta is ag cur dúile in iníonacha bogchroíocha an chnoic.

Bhí fear géagláidir a shiúil aontaí agus margaí ag rá go raibh mianach maith póir i bprátaí an Lagáin.

Flaithiúlacht agus flústar ag gloinccáil a ngloiní le chéile.

Agus dú-iontas ar na mná go dtiocfadh leis an raidió a mheoin a ligean leo.

Bhí cailín beag a bhí faoi smúit ina seasamh i mbéal an dorais. Í ag cur scátha ar an tsolas agus ag baint an mheanaigh as bábóg a dearthára.

(ii)

Seo buachaillí na mbod bealaithe ag inse scéalta ridireachta dá chéile i gcró folaigh na gcnoc.

Ridirí gaisce is a gclaidhmheacha géara i bhfearas. Ag saoradh a chéile as gábh.

Snátha gléigeal an tsómais ag rith fríd an osnaíocht.

Is anois goin an bháis is titim na laoch.

Is gan aon síolaí d'fhear fágtha ina sheasamh i mbéal na hoíche.

(iii)

Inniu Domhnach Chrom Dubh.

Ní dhéanann an aiteannach a chuid cainte a mheá ach ligeann le hidéanna éigreidmheacha a chumhrachta.

Mar is gnách, cluintear málóideacht chainte ón bhreallán léana agus é á mhóradh féin i bhfál tais cois claí.

Tá *aesthetic* céadfaíoch na raideoige ag spré ar an aeir. Tá an drúchtín móna béalchraosach agus é go tréan in aghaidh lucht séanta feola.

Tá buachaill beag ag dul i bhfanntaisí i síoda an cheannbháin agus i dtromshuan i sróil an chaonaigh.

Os a gcionn ar fad tá an fhuiseog ag méadú ar nóta ceoil a pléisiúir.

9

Lá idir dhá shíon dúirt deartháir lena bhráthair, 'Siulaimis síos an cuibhreann'.

Bhí ceo soininne ag éirí ón abhainn, an gamhain méith ar téad i móinfhéar glas, a ndearna siad lena mbeatha den tsaothrú is den tsíolú ag teacht chun toraidh i bhfearainn an tsléibhe.

'Is liomsa agus le mo bhunadh a bhfuil anseo' a dúirt deartháir lena bhráthair agus sháigh sé é le scin.

Tá an áit tréigthe anois, meath na haoise ar a bhfuil anseo. An chailleach dhearg ar fud an chuibhrinn.

Linn fola.

10

(i)

Tá fuinneog ar an lá, fuadar faoi na scamaill is an spéir ag ardú. Dúisíonn galltrumpa d'anála a bhfuil de dhúil chollaí faoi chónaí ionam. Níl ionam ach buachaill óg gan splaideog agus is tusa m'uncail. Saighdiúir cogaidh agus marcach airm atá ionat. B'aoibhinn liom marcaíocht dhian maidine a dhéanamh leat ar each lúth na bpóg. Ach seo baile beag atá chomh bagrach le fear buile agus é ag beartú tua búistéara. Is dá leagfainn méar ort b'fhéidir go dtiocfadh spreang feirge ort chomh béalscaoilte le scian phóca ...

(ii)

Seo chugam mo shlánaitheoir i mbalcaisí oibre agus i mbuataisí díge; ciúin, séimh, gealbhruthach. Tá a chuid cainte chomh spreagúil le caintic na suáilce. B'fhearr liom a phóg agus í ' bheith agam go buan ná mo throm féin d'ór buí na Róimhe. Agus é ag athrú a chuid éadaí, tá sé níos sollúnta ná glanrún na hEocairiste. Agus nuair a thig sé chugam ag cur comaoine orm ina chulaith oíche, glacaim é faoi ghné aráin agus fíona a dhiamhaireachta. Is ní bhíonn fúm ná tharam ach umhlú dó is ligeann dá chomaoin solais leá i mo bhéal.

11

Is doiligh dó é féin a choinneáil ar a chothrom i gcathair shúgach i ndiaidh na hoíche.

Anáil aeir os a chionn chomh bog le brollach.

Imíonn sé leis chomh saonta lena bhfaca tú ariamh, gal cumhra an lusa rúin á spreagadh agus é ag breathnú ar na fir cheannchrochta a shiúlann an tsráid, strusthuirse an spioraid ina gcuid súl. Sa tseachtrán aoibhinn atá ag teacht chun cinn ina mheabhair is cuma leis cér díobh iad nó cé ann a gcreideann siad.

Tchíonn sé mná móra stéaróideacha ag steipeáil amach astu féin san ionad siopadóireachta amhail is dá mbeadh siad ag ligean cneá.

Siúlann sé tharstu agus é ag cur sonrú sna tithe spéire atá amuigh ag déanamh na gcos fosta, gach ceann acu chomh hard le seangán.

Tchíonn sé manach liath i bhfaiche ag gearradh dealbh altóra as an ghaoth.

I sráid a fáisceadh as an léann, éisteann sé le húdar nár chleacht ariamh fairsinge ag míniú na farraige do thuataí intíre.

Tá vibeanna sruthshoilseacha ag niamhrú ina aigne agus é ag ardú staighre crochta an chaisleáin.

Ina seomra ríoga feacann sé glúin agus é ag féachaint ar Bhanríon an Uaignis ag baint aoibhnis as ribe an tseaghais.

An lá roimh ré, báthadh *Madame de Sade*, an bhean fuibe ba bhreátha is ba bhinbe lena linn i dtobán d'ola choisricthe. Chorr sé isteach lena bás a chásamh lena bantracht.

Tháinig siad, líon a muintire lena faire.

Iad gléasta in éide gleoite a ligeadh as faisean aimsir na Seacaibíneach.

Thug sé seal uaire leo ag léamh na liodán is ag iarraidh gan aon ní a rá a mbeadh tuar achrainn ann.

Chaith sí a saol agus í tógtha i mbéal an phobail. Lá Fhéile Muire na Sanaise, ligfear a cuid luatha saor, mar is cóir, i mbéal na sráide.

I séipéal geal an áthais, chuaigh sé i gcomhairle le bean fáistine. Lig sí anuas a cuid gruaige ar a raibh i ndán dó is chuir sí ceol laidine le líne chaithréimeach a chinniúna.

Anois agus a aigne ag éirí i gcríocha geala na maidine, tá ' fhios aige nach bhfuil ann ach Ise, Ógh an Ghrá, Maighdeán cheanúil na súile mánla, nach bhfuil ina máthair ag aon duine ach a bheir bainne a cíche do chách.

12

Anseo tá achan duine chomh fuarchúiseach le malartán airgid.

Tá mná stálaithe ag múineadh modh stiúrtha gnó do mhic léinn a bhfuil a dteanga chomh righin le stroighin.

Seo ceanncheathrú na mbróicéirí.

Tá othras goile ag déanamh angaidh i gcraos an stocmhargaidh.

Inné, bhí lucht an mhargaidh faoi adhall is a gcuid scaireanna ag teacht chun craicinn ach inniu tá a bhfuil acu silte.

Tá bloc d'oifigí gnó ag éirí aníos i mbéal an bhóthair chomh míchumtha le starróg fiacaile.

Anseo, níl as a mbeál ach táirgíocht agus tráchtáil, sochar agus dochar, riar agus éileamh.

Níl sa ghrá gheal ach caipiteal is níl i mbabhta mórchroíoch suirí ach boilsciú agus leachtú.

Anseo, tá gach éinne dea-eolach ar éitheach.

Seo amach iad, na baincéirí, na stoicbhróicéirí, na scairmhangairí.

Chuirfeadh siad mo chroí ar an mhargadh dá bhféadfadh siad aon earraíocht a bhaint as.

13

Tá an tsráid seo lán de dhathanna, aghaidheanna cneasbhuí, aghaidheanna ciardhonna, aghaidheanna crónghorma.

Dathanna griandóite, luisniúla, lasánta.

Seo sráid na dtreibheanna.

Luisne bhuí na hInde, eabann agus eabhar na hAfraice, vearnais na gréine ó Mauritius, sú liomóide na Síne, ola olóige na Gréige, gile déad na hÉigipte.

Seo coirnéal de Karachi, de Addis Ababa, de Delhi, de Alexandria. Iad uilig ag críochantacht le chéile go croíúil.

Anseo siúlaim go haigeanta i gceithre creasa an domhain.

Níl bagairt críche, níl claí teorann ag cur bac orm mór a dhéanamh le mo rogha duine.

Seo chugam mo bhuachaill báire, mo chara cnis, grian bhuí na hÁise ag éirí ina gháire, spíosraí lasánta ón Ind ina chuid cainte.

Nach aoibhinn an saol é seo, a lámh thar mo ghualainn agus muid ag damhsa leis an tslua gríosghortha, gártha.

Ar ball, beidh séimhe an Oirthir ina bhéasa suirí agus é ag léimtí thar theorainn na leapa.

14

Tá port a chuid focal ag tógáil farraige. An páiste súgach, spreagtha.

Sa tsruthán tá sé i ndiaidh Áirc an tSiolastraigh a chur amach ó thír ar turas na glóire.

Eisean an Draoi. An Tairngeartach. Ar ball, rinne sé baisteadh gintlí ar an Chroí Ró-naofa.

Tá an druid, an ghlasóg bhuí, an gealbhán binne ag adhradh na nDéithe ina chuideachta.

Tá saíocht Mhesopotamia leis ina cheann, ina chuimhne, ina chuid inní. Fadó, tógadh é ar orthaí do-eolais, ar thaispeántaí eacstaise, ar céalmhainí bháis.

Tig bachlóg solais ar a theangaidh agus é ag breathnú ar dhíle gréine ag titim i gcraobhacha glasa an tráthnóna.

15

Tá lasair chorcra ag deargadh ar bhruach na locha. Chaith duine éigin mala an ghoirm trasna na spéire.

Ansiúd ar learg an leasa tá páiste bheag girsí de chuid na Sí ag slámradh olla na gceannbhán.

Tá bogóg solais i mo leanstan agus í chomh glórach le gé óg amuigh ar a céad gheábh siúil.

D'imigh an donas ar shotal na céille ach ó thriall mé i gcéin ar thuras na mbeacán, scar mé leis an tsaol. Saol cúng na céille.

Tá titim na malacha liom agus mé ag gabháil síos isteach sna niamhaireachtaí, síos isteach sna diamhra, síos isteach i spéartha titimeacha na locha.

Gach re titim is éirí agam i staid neamhaí, i stáit neamhní.

Mothaím go bhfuil córas na néaróg ag géilleadh do chóras na gréine is go bhfuil siad araon ag déanamh cor beirte ar ghrinneall an duibheagáin.

Sa tsaol tláithbhinn fothoinne seo tá mé ar thóir na mbuafhocal.

A thámhnéal oirfidigh! A léargais aeraigh! Lig dom feiceáil fríd fál tiubh na rún.

A shiollaí éigríochta! A ghutaí éiginnte! Cuirigí m'aigne i bhfáinne agus sibh ag lorg briocht na fuaime.

A mhaidhm ghoirm na mbrionglóidí! Bearnaigh seanbhallaí an spioraid, fáisc asam a bhfuil fágtha de chiall is de réasún; brúigh asam briathra seanbhlasta is smaointe réasúnta.

Deonaigh domh a bheith i mo dhraoi ag canadh na mbriochtaí ag aifreann meán oíche na ngealt.

A shéis gan scáth, fág mé is mo bhéal le hÉirinn!

16

Ón oíche úd ar lig mé m'aigne uaim i linn lán uaigneach ar Shliabh Uí Fhloinn tá mé ar fán ó shoin i dTír na bhFear Dorcha, ag siúl i ngleannta ciardhorcha ceoigh is ag dreapadh chnoic dhúliatha an Easa Ruaidh.

Níl ionam ach na cnámha is an craiceann is mé ag cruinniú romham is ag bailiú i mo dhiaidh.

Sciodramán coilleadh ag sciobadh mo choda faoi bhrat na hoíche.

Inniu agus luí an chnoic síos liom, casadh fear beag santach orm, smut muice air agus grísciní feola ag sileadh lena ghcolbhach. Fuaidrimín girsí sna sála aige.

Ní raibh a dhath ar a iúl ach a bheith ag cur siúil faoi smaointe graosta a shamhlaíochta ionas go gceapadh a iníon iad ar an rása is go dtaisceodh sí iad i gcás teann a pite.

Nuair a dúirt mé leis nárbh fhearrde an saol é a bheith beo, bhagair sé a shúile nimhe orm is mar bhainfeá splanc as cloch lig sé lena mhallacht.

Is ar shiúl leo ansin go teasaí, cuil nimhe orthu agus iad ag baint an bhóthair dá chéile.

Is tháinig an oíche dhamanta seo anuas orm go fáilí mar a bheadh abhainn ag baint faoin bhruach.

Is chomh luath is a chorr mé isteach i Séipéal Geal na gCnámh, pé spreang a bhuail é, léim coinnleoir óir den altóir is sháigh é féin go bun na dúide i ndamhach an uisce choisricthe.

Anois tá mé sna dumhacha righinghlasa os cionn Cuain na bhFear Gonta. Cuachaim suas sna giolcaí ag déanamh lúbán linbh domh féin is éistim le búireach fhiáin na mbláth mara is le troiscneach trom a gcuid cos ag déanamh damhsa brúidiúil ar an chladach.

Is tiocfaidh fir fuinidh faoi mo choinne, Aingeal an Éirligh os a gcionn.

Tá Dia marbh is níl luaíocht ar bith le fáil ar an urnaí.

Is fiú dá bhfeabhsódh an saol, ní bheinn ábalta mo bhail féin a chur ar an scéal seo.

17

Líon an tobán
as an duibheagán
ar eagla nach bhfuil
i ndán duit ach tart
agus tú ar fán.

Ar a laghad
le hamharc an lae
is le crónú na hoíche
beidh deoch íce agat
d'fhíoruisce glé

Is deoch dhearmaid.

18

Tá Mochua bréan d'ord is de reacht na cráifeachta is de shaobhadh na naofachta.

Duine diaganta nár cheil a chineáltas ariamh ar aon cheann de dhúile beo na díthreibhe. Tá sé marbhthuirseach de rialacha iomadúla a shaoil. Tchítear dó go bhfuil sé féin agus a bhráithre ag déanamh searmanas báis as miorúilt na beatha.

Ina shuí cois róid ag meabhrú ar éabhlóid na ndriseog is na neantóg, tá tinidh ghéar chealgach ag dó ina bhéal.

B'fhearr leis titim i bpeaca an phléisiúir agus é ag breathnú ar feis datha an Aibreáin ná a bheith á shábháil féin i bpianseirbhís is i mbaothreachta na mainistreach.

Faoi ghealán gréine tchíonn sé Ruth ag trasnú an chuibhrinn is téann a mhianta in éagruth.

An oíche sin, i mbrionglóid, baineadh dá chothrom é agus é ag feiceáil bodbhroideadh na mbachlóg agus pitfhoscladh na mbláth.

Le teacht an lae, léim sé as a leabaidh chruaidh agus é chomh hairceach le hAibreán.

19

Tá mé ar a thóir, manach mo thaibhrimh.

Tchím é ina chochall dubh is a ionar bán, a cheann bearrtha de réir an ghnáis a thug Pádraig go hÉirinn. A chabhail ligthe, cruachaol; a aghaidh óg lomsnoite.

Siúd é, coséadrom i gcoisbheart de sheithí ainmhí agus é ag déanamh a anama amuigh ar an tsliabh i gcuideachta na heilte maoile, an toirc agus an fhaolchú.

Mar phionós, is minic go mbíonn sé go muineál in uisce fuar Loch Fiáin sula dté sé a luí ar leac lom in Altán, cloch faoina cheann.

Beo ar bhiolar, ar bhric agus ar uisce coirre, níl ag cur caite air ach naomhreachta Dé a mhóradh lena bhéal is lena bheatha, trí shéan is trí léan.

Ní ligeann sé do shámhas ar bith a theacht idir é féin agus cruadas na cráifeachta.

Ní dhéanann sé gairdeas in imeartas dathanna an tráthnóna nó i séis cheoil an smólaigh.

Agus ar eagla an chathaithe, seachnaíonn sé na hainmhithe is iad ag reithíocht.

Ina dhearcadh dian, níl sa tsaol ach gal gan mhaith – ceo nimhe a éiríonn ó sheascann na mianta.

Tchím é ar a shiúlta uaigneacha idir Gleann Tornáin agus Sléibhte Ghleann Domhain; é ag coilleadh a mhianta le miodóg a ghuí, ag siúl go nochtfaidh Dia chuige as néal dealraitheach éigin.

Tá mé ar a thóir, bráthair bocht mo thaibhrimh, le póg a thabhairt dó, amuigh ansiúd i mbéal fuar an tsléibhe.

20

Sa tír seo is coir ghníomhach in aghaidh an dlí a bheith ag péinteáil spéartha scamallacha nó tírdhreacha ceobhránacha.

Ó cuireadh an Réabhlóid Chultúrtha i gcrích, tá smacht reachta ar an tsamhlaíocht.

Tá ár seacht ndóthain le déanamh againn ar son na nDaoine, a deir na hÚdaráis, gan a bheith á gcur amú le radharcra rómánsúil.

Anseo, ní cheadaítear pasáistí débhríocha i bprós nó ornaíocht rúnda i bhfilíocht.

Anseo, níl aon áit le gabháil i bhfolach. Tá ordú reachtúil in éadan gach scailp cheo, gach scáth i bpictiúr, gach meafar folaigh, gach clúid foscaidh.

I ngach áit tá aghaidheanna ag dealramh le hallas na dúthrachta ag stánadh anuas orainn ó phóstaeir mhóra na bolscaireachta.

'Seo Stát Shóisialach', a deir an Treoraí glórmhar go heolasach agus é ag díriú ár n-airde ar nead seangán. 'Seo fís an Réalachais agus é tugtha chun barr feabhais. Seo ár ndea-shampla agus ár n-ábhar dóchais'.

Anseo déantar mór den tslua agus beag den duine.

Coir chrochta atá ann imeacht ón Tréad.

Ar son na Maitheasa Móire, ar son na Suáilce Saolta, maireann muid de réir na reachtanna.

Seangáin!

Agus ligeann muid don Treoraí Glórmhar, stampa a bhróige a fhágáil ar ár mbeatha.

21

Tá na Déithe ag tionól ar mhachaire catha na maidine.

Ar ball cuireadh snas i seanchlogad liath na spéire.

Seo chugainn snáthaid chogaidh ar séirse mhíleata thar chlaí na críche.

Tá marcshlua geal na n-aingeal ag trasnú na locha go callánach.

Éist! Tá buabhallaí ag tógáil foinn sna crainn.

Cluintear marbhna chaointe ag éirí ó na giolcaí.

Tá an oíche ag titim ina chlagairt thoirní, ina chraos tintrí.

Ansiúd thuas tá na Déithe ag cur allais i marbhtheas an Áir.

22

Bhíodh greim stuaice ag an eaglais orm ach ó thosaigh mé ag spaisteoireacht ar an tsliabh i *stilettos* agus i gcoróin spíne d'éirigh liom éaló ón bhéalchráifeacht.

Anois tá fad is fairsinge i mo smaointe nach bhfaighfeá, fiú amháin, sa tSeanmóir ar an tSliabh.

Bodóinseach fir ar mór an pléisiúr dó a bheith i mbéal an phobail. Sin mise.

Aoibhinn liom a bheith i dtéada, teannta faoi ghlais an ghéibhinn, agus fathach fir i mo sciúrsáil is mo chur ó chrích.

Lámh láidir, cos ar bolg agus fuib na fola, sin iad mo shuáilcí diaga.

Bhí mo bhunadh ariamh corr, aisteacht éigin iontu a dhealaigh iad ó chách.

Nuair a sciorr m'uncail Sebastian den scafall ard i Leamington Spa, d'éirigh sé ó mharbh agus é ina ósréalaí déanta, gan splaideog chéille aige a hoiread lena dheartháir Dali. Chaith sé an chuid eile dá shaol ina chraiceann dearg ag péinteáil na gaoithe sna Himaléithe. Faraor, chuaigh an sioc i bhfostú ann agus é ar an ealaín úd. Tá sé anois ina dhealbh shíoraí sneachta ar bharr sléibhe.

Nuair a díbríodh m'aintín, an tSiúr Margurita de Feu as Ord na Trócaire i Milwaukee siocair gur chreid sí i Zarathustra agus chan i gCríost, chuaigh sí le ceol.

Chuir sí fúithi i *wardrobe* sa Chelsea Hotel, áit ar chleacht sí agus ar sheinn sí Chopin ó mhaidin go hoiche ar *hangers* cruachmhiotail an éadaigh.

Chaith John Cage seal ina cuideachta, iad beirt ag cumadh saordhréachtanna Ciúnais.

Chreid mo mháthair gurbh í féin an Mhaighdean Mhuire agus gach bliain ar fhéile Mhuire Mhór san fhómhar, théadh sí féin agus a lucht leanúna suas go barr Shliabh na mBan i ndúil is go dtógfaí í suas chun na bhflaitheas.

Chaith m'athair bunús a shaoil ina fhoghlaí mara, ag seoladh na bhfarraigí arda fíochmara is ag creachadh longa lána is soithí seoil an óir i dtobán boguisce sa tseomra folcaidh.

Chan aon iontas go bhfuil mé corrmhéineach.

Ó thaobh na dtaobhann, bhí an bhaothdhánacht sa dúchas agam.

Sin an fáth a dtaithím na tulacha corra seo i *stilettos* agus i gcoróin spíne, ag cur cúpla cor cam asam féin agus ag déanamh móráthais anama.

Ag dúil le Luan an tSléibhe agus Saraifín dian, leatromach éigin a chuirfeadh mé faoi luí na slaite.

23

Ór na gaoise! Ó nocht do rath!
Bás is beatha, gas débhláthach.

Is aolbhrú meabhlach
le mo chuimhne iata
ach tá gach geafta amach
ar an nóiméad seo leata
an sé Márta le bánú an lae
míle ocht gceád seachtú sé.

Ór na gaoise! Ó nocht do rath!
Bás is beatha, gas débhláthach.

Gleo beo na n-éan mara
in ard na spéire gormnite
mise ar eite leo chuig fara
sna beanna geala rite.
Ní meabhair liom puinn teagaisc
óir i ngach ní tá muirniú cumaisc.

Ór na gaoise! Ó nocht do rath!
Bás is beatha, gas débhláthach.

Tá gach ní inniu de shíor
sa laom seo gaoise
teo-choillte ina gcaor
ar oighear mhóinte
agus an lá ina spréach
ar thinidh sa loch.

24

I bhfad siar sa tsaol tchím crainn arda scuabfholtacha os coinne an pháláis.

Áras mórthaibhseach san Oirthear, oiriúintí óir agus práis ag dealramh faoi mhochghrian na maidine. Ar mhíne stíle, ar mhaise a shéada, ar dheise suímh ba doiligh a shárú.

I lár an mhargaidh tá plódú is plúchtadh. Lucht saothraithe an tsíoda is an tsróil, fir shéimhe ghnúisréidhe, buadáin d'éadach bán casta ar a gcloigne agus iad ag déanamh gnóithe.

Giúdaigh ann fosta, ceannaithe rathúla ó Aleppo ag díol a gcuid seodra óir is a gcuid liaga lómhara.

I ngrianán gléfhuinneogach an pháláis, tugann buachaill seirbhíse, brus cait ar a leicne buíchraicneacha, deoch de tae miontais chugam. É chomh fiáin ina chuid dóigheanna le coirce fásaigh.

Tá óg-ogh, a haghaidh chruinn chomh hálainn le coróin na gréine ag sméideadh orm.

Cluinim na mná uaisle á gcrá féin ag scéal cráite éigin a tharla i seanchaisleán i gcéin.

Anseo sa tsómas teasa tig bruitíneach gréine ar m'aigne.

Níos moille beidh mé ag déanamh lúcháire le hóg-ogh na háille. Í chomh ligthe le braon de dhrúcht meala na hoíche ag sileadh ó bharra na bhfionnchraobh.

Ní chreidim i nDia ach mar fhear mústrach, gustalach, déanfasach a bhfuil seasamh maith aige i measc a mhuintire, déanaim mar atá dlite domh. Agus nuair a thig glaoch na nguíonna feacaim agus fiaraim mar chách.

B'fhacthas domh ariamh gurbh fhearr domh amharc i mo sholas féin.

Saol de shaolta mo bheatha atáthar a thaibhreamh domh.

Amanta as na duibheagáin tig súilíní múchta na cuimhne in uachtar is cuirtear an bheatha úd a bhásaigh i bhfís orm arís.

Is tá críocha coimhthíocha an Oirthir ar fuaidreamh i m'aigne; lomchnoic uaigneacha Chappadocia, tailte tromthorracha Mhesopotamia, spíosraí is smargaidí ó Bhasra, síoda snasbhuí ó Aleppo.

25

Thar fhíor na céille ag ainliú
a Fháinleog, a rí na gceithre dúile;
tá do thiarnas is do chumhacht
ag sciathánaíocht i mo chroí is i mo shúile.

I bhfeis an tsolais oíche Artaigh
ba mise do ghiolla rúin;
coimeádaí dílis na n-orthaí
is tú ag fógairt Lá an Luain.

A Fháinleog, a chaor na n-eiteog,
a dhúilimh gach brutha is brí,
is brónach faí ár ngutha
is muid ag teacht chun críche.

26

Seo cathair i bhfad uainn sa tsíoraíocht.

Amanta bíonn sí ina cuan brúchtmhar, cúrshoileach; amanta eile ina machaire méith grianchorcra.

Tá Rí glas-suaimhneach, dearglasta ina shuí ina chathaoir órloiscthe agus é ag cur lena ghealladh an Solas a bhronnadh ar gach dúil bheo faoina chúram. Fuair sé a shúile gealaí i mbreoghríos na ceárta.

I dteampall fada feamainneach agus iad ag adhradh dia na gcreidmheach, titeann támh chodlata ar phobal óg brúidbheatha. Is aoibhinn leo tráth seo an tsólais nuair a bhíonn uair a nginiúna agus uair a gcinniúna a thaibhreamh is a thaispeáint dóibh.

Ní fhaca tú ariamh a leithéid d'áitreamh nó d'fhoirgnimh. Mar dhoirteadh datha tá siad ag síorthitim ina slaodanna lonracha ar an talamh agus á dtógáil féin aríst ina mbachlóga solais.

Tá neacha tréshoilseacha ag snámh ar an aeir, a gcuid féitheog le feiceáil ag cuisliú sa tsolas agus seamsán sámh ag teacht óna gcuid eiteog.

Tá beacha nach bhfacthas ariamh a samhail ag cumadh amhrán ar shlabhra.

Tá an Rí ag éisteacht le dúthracht ghorm na nDord ag fógairt go bhfuil an Daonnaí ag teacht.

Amuigh sa spás tá árthach solais ina bhfuil beatha ar fuaidreamh i leacht na giniúna, i long na cinnúna.

Tá Ré na Físe i réim.

27

A Eacstaisí! A Speabhraidí!
Tógaigí chugaibh féin mé idir chorp agus chleití.

Gafa i gcorp géibhinn seo na cré
ní sheasód ar réaltóg nó ar ré.

Ach amháin ar aistear na haislinge
ní labharfad le lucht Oiríon ár linne.

Is ní roinnfead arán plúrbhán an tSolais
le mo bhunadh amuigh ansiúd i Sirius.

Teastaíonn uaim géim ghealtghlinneach, liú
sruthshoilseach a ligean ar fud Aquarius.

Is b'aoibhinn liom is mé i mbun mo mhéide
mo shaol a chaitheamh ar shléibhte Andraiméide.

Ó bhás an daonnaí déanaigí mé a tharrtháil.
Tógaigí mé! Déanaigí mé a dheasghabháil.

A Eacstaisí! A Spreabhraidí!
Tógaigí chugaibh féin mé ar nós Mac Dé Bhí.

28

Bhí ár mbeatha idir dhá cheann na meá ar Ardmhá na Slua go dtáinig cogadh na spéire is ardtiarnas na bhflath.

Is lá de laethanta an tsaoil, tháinig siad ina dtréanrith agus ar a gcromruathar – sleádóirí an tsolais.

Is bhain siad na cealtracha draíochta de na deasghnátha go brách, scaoil siad saor na rúin is thug siad seans don bheathfhórsa bláthú is a theacht chun solais i ngach dúil.

Is anois tá muid in Aois an tSolais, Ré na Meabhraíochta Móire, tráth a bhfuil gach duine ina ngné shaolta is ina gcorp collaí i seilbh na Fírinne is na beatha Suthaine.

Tháinig an Dea-Dhuine.

I gCathair na gCaor tar éis an áir, tháinig an tSamhailt Shámh chugainn. Eagnaí an tSolais, ceannard, coslúth, nach ligtear in earráid.

Gan bachall aoire aige ach oiread le fleasc rí. Domhain nach bhfaca muid ariamh ar dianleathadh ina shúile cinn. An Infinid inbhraite i ngluaiseachtaí a cholainne.

Inniu, tá gach aigne tomtha i bhfoinse mhilis a Eagna.

Faoina Sholas tháinig deireadh le díbheirg Dé is le broid na cráifeachta.

Is iadsan a shíl gurb iad féin na Fíréin, tuigeadh daofa, an rud is eaglaí leo ar bith, nach raibh ina ndia is i gcráifeacht bhaoth a mbeatha ach saobhadh céille na bhFáithe.

Ba thruachánta a ndreach is iad ag scaradh leis an talamh faoina gcosa.

Tá deireadh go deo le gleadhradh géar a gcuid tairngreachtaí.

29

Tá cónaí orm i gcathair éagsamhalta ar imeallchríoch na Céille.

Tchím Jonah lena mhuirgha ar a bhealach síos chun na farraige. Ansiúd atá a chaladh crábhaidh is a phort aiséirí.

Ar bhalcóin an teampaill tá Margerita, cocán róis ar bharr a cíche ag seinnt an 'Machnamh Neamhumhal' ar sé cinn déag de chloigíní práis a mealltachta.

I gCearnóg Sión i lár na cathrach tá na Crosáin ag déanamh a ngrinn faoi chogaí dochum Glóire Dé.

I dtámhnéalta an bháis, d'fhoscail Pierrot Amharclann an tSámhais is phill sé aríst chun a chríche.

Inniu lá saoire na Seacht gCeannpheacaí Marfacha is achan áit tá feis leapa is láimhe idir Áiféis is Áthas.

In Ollmhargadh na bhFeart thig leat do chinniúint a roghnú is a chur in oiriúint do do bheatha.

Sna gáirdíní pléisiúir mórthimpeall an teampaill, áit a bhfuil ailtireacht na ndathanna ag cur le m'aigne, tá oráidí barócacha á dtabhairt ag na blátha.

Anseo, níl sa bhás ach seal éaguimhne is sos inchinne go bhfaighe tú d'anáil aríst.

Seo chugainn anuas an tsráid Asal Bhalaam – Ionadaí sofheicse an dé dhofheicse a deir sé féin – agus dúil mhire aige a bheith ag iníor i mbláthcheapach na fáistine.

30

Dhíbríos le ríméad mo ghrianlá
cad is fiú a bheith mar chách
is mithid domh m'Amhailt a lorg
a shárú ní foláir a bheith borb.

D'fhógraíos fán ar rath
ar fhéile dearg-éacht
ar rós-chith nath
ar shíbín-leaba bhaoth
ar thiachóg na gceacht
ar bhigil saoi caoch.

Sna duibheagáin i gcríocha imchiana na haigne
smachtaím m'Amhailt i mbéal mo chléibh
is cé gur fada ó bhaile mé, le teacht na maidine
beidh mé ag tarraingt orm féin trasna an tsléibhe.

31

Toit is tormán ó chór-orgán atá crochta ar ucht an aeir. Tá Cleo, bandraoi na drúise ag suirí le haingeal a cuireadh as éide.

Bhí sí ariamh suaithní, an Cleo chéanna. Ach tá mo sháith le déanamh agamsa breith ar bhreacsholas an tráthnóna – níl mo chuid ag teacht ó Neamh chugam i ngan fhios do mo chnámha – is gan a bheith ag tomhas na bhfocal is ag cur craiceann maith ar an mhearadh chollaí atá ar Chleo.

Siúd í: cnódhonn, cromshlinneach, sprochaillí spéire faoina súile, a glib gruaige ag séideadh in anfa gaoithe na cinniúna.

Anois díreach, cibé daol mire a bhuail í, shloig sí Ardeaglais na Croiche. Éist léithi ag screadaigh. Tá sí ag baint croitheadh as Crios Oiríon agus ag réabadh na gcomharthaí raidió a bhí ag teacht chugainn ó Betelgeuse.

Mar is gnáth, rachaidh sí chuig Lucifer ag iarraidh maithiúnais agus mar bhreithiúnas aithrí iarrfaidh sé uirthi seal a chaitheamh á slánú féin i ré an dé bhig uaibhrigh atá i réim ar phlainéid achrannacha ar imeallchríoch na cruinne.

Ar a laghad beidh an saol ar a láimh féin aici amuigh ansiúd i dtalamh óg na síoraíochta.

32

Tá sé ciúin sna Críocha Déanacha, tostach sna Tuatha Ciana.

Seo áit gan chónaí. Gach ní ina laom bhog mhaoth.

Ná bí ag súil go bhfuil tú i ndáil do sheacht sinsir. Anseo níl éinne ag ríomh a n-éachtaí. B'fhiúntaí leo fanacht ina dtost.

Agus cé nach dtéann aon ní ar neamhní, anseo ní chronaítear a bhfuil thart, ní chuimhnítear ar shuáilcí an ghnéis, ar shaothrú an bháis.

Seo muid ag gabháil síos cabhsa na gcoinnle corra, ag teacht is ag imeacht go broinn an bhrátha.

Dá mba ní go bhfaca muid an bóthar buan ar ár gcúl nífí an t-amharc deireanach as ár gcuid súl.

Agus i gcónaí sula súfaidh an bhroinn arís muid ar uair an tsíolraithe tugtar deoch shuain an dearmaid dúinn agus muid ag glacadh cló na colainn orainn féin.

Agus saolófar muid, gealach bhuile inár súile agus muid ag tógáil bruíne.

IV

Ag Déanamh Fómhair

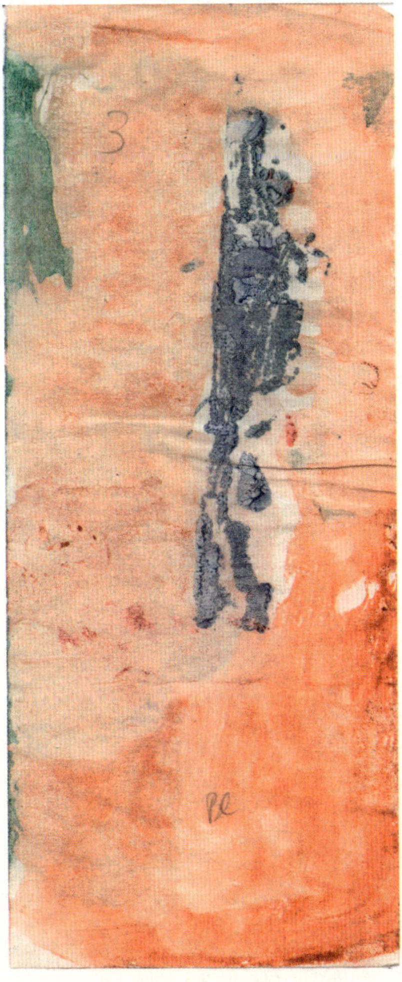

Bóitheach na Bó

Tá bóitheach na bó beo
lena briathra bainne

A huth chomh trom
le foclóir
a hanáil chomh tomhaiste
le dán díreach

Sa chuibhreann
ólann sí a sáith
de ghutaí gorma na spéire
agus itheann sí a dóthain
de shiollaí glasa an fhéir

Lena ruball stiúrann sí
cór ainglí na gcuileog
is lena géim mórann sí
iomann maidine an smólaigh

Blaisim uachtar glé
a cuid éigse
i mbuicéad bainne mo mháthair.

Mín a' Leá 1969

Luí na Gréine ó Ard na Míne

Seo chugainn an Tráthnóna
gléasta i mbréidín fraoigh
cumhracht an tsléibhe ar a chuid éadaigh
éanacha na dtor ag portaíocht ina shlí

Gealadh an Lae ag Loch an Ghainimh

Ólaim bolgam
d'fhíoruisce milis
an tSolais

is ním mé féin
le boiseoig de cheol
na n-éan.

Ag Déanamh Fómhair

Seo tusa ag oibriú na speile
mise le do thaobh ag teannadh sopóige;
an bheirt againn ag déanamh fómhair
tráthnóna gréine i bPáirc na Díobhóige.

Ola róis an tsolais ag cur aoibhnis
ar na cnoic is ar na cuibhrinn;
tusa ag cur allais, d'aghaidh óg álainn
ar dealramh buí an choirce, a chumainn.

Ar ball spréifidh an oíche a brat rúin
thar bhailte beaga cúnga an bhéadáin,
tráth a mbeidh mise agus tusa ag déanamh fómhair
inár ngort clúthair féin go lá.

GEIMHREADH I GCATHAIR

I gcaitheamh na hoíche
tháinig Samhain lena gháire fann
agus lena dheimheas gaoithe
ag lomadh na gcrann
agus roimh bhreacadh an lae
bhí sé réidh, olann chatach
na gcrann sníofa aige go glé
ina bháinín breacach buí.

Inniu tá siúl ríoga
faoin Life agus í ag sní go gradamach
síos na seanchéanna;
stáidbhean mhaiseach óg
i bhfallaing mheallacach na nduilleog.
Í ag tabhairt a háilleachta is a gnaoi
trí shráideacha gruama an gheimhridh.

TÁBHAIRNE AN TSATHAIRN: *CRICKLEWOOD*, 1972

Tháinig siad, an t-aonarán,
an t-uaigneach is an coimhthíoch,
fir fáin is fir racáin,
fír shochmaí is fir chuthaigh,
an t-oibrí díge is an ganger bradaí,
seandiúlaigh ghraosta is stócaigh shoineanta.

Tháinig siad ó lóistíní gortacha an doicheallaigh,
is ó sheomraí uaigneacha na nduáilcí.
Tháinig siad i gcultacha Domhnaigh, tháinig siad bratógach,
tháinig siad nuachíortha nite, tháinig siad salach,
tháinig siad dóighiúil, tháinig siad gránna,
tháinig siad ag santú síthe i dtearmann toigh an leanna.

Tháinig siad lena gcian idir dhá thír, lena gcrá i gcathair.
Tháinig siad le gabháil ar na cannaí is a gcumhaidh a chloí.
Tháinig siad ag cuimhneamh faltanais is ag cuartú díoltais.
Tháinig siad lena gcliú a sheasamh is le buille a bhualadh.
Tháinig siad lena n-uaigneas a ruaigeadh sa tslua.
Tháinig siad lena mbuaireamh a fhódú i bhféintrua.

Tháinig siad le héalú óna mbeatha.

Bé na Sráide

Bíonn sí le feiceáil le titim na hoíche,
bé na sál ard a chuireann dé bheag solais
i gcoirnéal gruama na gcabhsaí is na bpasáistí
lena sciorta buí giortach, lena búcla cruachghreanta,
le snua dearglasta a grua, le cocáin rua a cuid gruaige
agus í ar a camashiúlta meallacacha, dhá úll aibí
a cíche ar crochadh léithe go súmhar tarraingteach.

Agus í sa tsiúl thar chlubanna craosacha a bheathaíonn
mar chnámhóga ar dhuailcí an duine, thar chaiféanna
gabh i leith chugam a ní idirlinn bhinn i dtraochadh an lae,
thar lóistíní caochthuirseacha na gcúplaí aon oíche.
Agus í á reic féin i margadh na fola is na feola, á díol féin
go rómhinic faoina luach, faoin ráta reatha ar mhaithe
lena beatha a shaothrú ar ghruaimhín crua na hoíche.

Agus tig siad le sásamh a bhaint as a boige, an t-íseal
agus an t-uasal, fear an tsaibhris, an sagart faoi stró,
an t-oibrí bóthair, fear an ghnó, an fear nach dtig leis a mhianta
a shásamh i leabaidh a phósta, an seanbhuachaill graosta,
an fear óg a bhfuil léim uaidh agus póg, an fear nach n-éilíonn
ach fáisceadh béil is barróg, an fear lách, an fear in éide mná,
an fear tostach, an fear caidreamhach, fear an anghrá,

Tá seantaithí aici ar chos ar bolg na cráifeachta
agus ar lámh láidir na mórálachta, ar fhir ar mhaith leo
a ndúil a bhaint aisti agus ansin í a thabhairt chun creidimh
agus déanann sí neamhiontas de na hachasáin bhagracha
a gheibh sí ó chléirigh is ó chreidmhigh is ní chuireann
an masla a gheibh sí ó mhná teanntásacha an mheánaicme
aon bheaguchtach uirthi. Seo a gnó is a gairm saolta.

Seirbhís seanársa an striapachais is tugann sí
mar a thug mná ariamh anall ceithre cnámha a banúlachta
agus pléisiúr a pite do fhireannaigh chráite na hadhairce,
agus is cuma caidé atáthar a rá go poiblí, tuigtear díthe
ina croí istigh gur ise is a cineál, sábháil an phobail, iadsan
siúracha na trócaire a dhéanann friotháladh ar na fir úd
a d'imeodh chun donais de dhíobháil a gcaidreamh faoi choim.

Agus in ainneoin baol saolta na sráide agus contúirt
a gairme, aicídeacha na mball beatha, ansmacht
na bpimps, brúidiúlacht na bpóilíní, na fir a dhéanfadh í
a shárú, na fir a dhéanfadh í a mharú, masla agus magadh
an scroblaigh, tá sí le feiceáil le titim na hoíche, bé
na bpasáidí, aingeal glé na gcaolslí agus í ár mbeannú
lena gáire meallacach, lena haoibh Mhaigdileánach.

Titim Amach

D'fhág tú mé
agus tú tógtha.

Sciorr tú amach
an doras go callánach
do shoc san aer
amhail is dá mbeifeá
ag éirí ó rúidbhealach.

De bharr an achrainn amaidigh
a d'éirigh eadrainn ar maidin
bhí tú déanach
ag do chuid oibre san aerphort.
Chuir sin olc ort.

D'fhág tú mé
i leabaidh
atá chomh fuar le haingear
is níl eiteoga ar mo chroí.

SNAPSHOTS: LONDAIN, 1975

Bréagchráifeacht

An bhean chiúin
a bhfuil Búda mór
feistithe aici san fhuinneog,
chaith sí an mhaidin
ag cur nimhe ar na neantóga
is ag spréáil na gcuileog.

Béalchráifeacht

Stuaic na hEaglaise –
an gcuireann a ghéire
stuaic ar Dhia?

Yevtushenko

'Tá misneach agat'
a dúirt siad go moltach
amhail is gur gaiscíoch cróga
a bhí ionam, lán d'uchtach.

Ach creid mé, ní fíor é.
Ní raibh mé riamh misniúil
ná baol air, nó go fiú spreagúil.
Dána, b'fhéidir, in amanta.

Ach shíl mé i gcónaí
go raibh sé gránna
géilleadh don cham
agus don chur i gcéill.

Níor bhain mé croitheadh
as dúshraith an Stáit
is níor chuir mé an tóir
ar dheachtóir.

Ach dhiúltaigh mé umhlú
don gháifeacht
nó tabhairt isteach
don ghalamaisíocht.

Chum mé dánta
ag móradh na daonnachta
is dínit an duine.

Cháin mé na húdaráis
a chuir an fhírinne as riocht
ar mhaithe lena gcumhacht
a láidriú is a bhuanú.

Chosain mé an t-údar
a labhair go neamhbhalbh
ar a raibh ceilte,
ar a raibh caillte,
ar a raibh curtha i gcomhad.

Ní raibh ann ach go raibh mé
ag iarraidh seasamh
lena raibh ceart, lena raibh cóir.

Agus seo iad go fóill
ag móradh mo mhisnigh
amhail is gur laoch dochloíte
a bhí ionam.

Beidh náire shaolta
ar na glúnta atá le teacht
agus iad ag cuimhneamh
ar ré seo an bheaguchtaigh

gur tugadh fear misnigh,
fear gníomh,
ar an té nach ndearna
a dhath

    ach labhairt amach
    go macánta.

Mandelstam ar Leabaidh a Bháis

Thug mé dúshlán na droinge
a dúirt nach bhfuil i bhfilíocht
ach caitheamh aimsire gan éifeacht.

Labhair mé ar rudaí a raibh sé
crosta orainn trácht orthu
i ré seo na hurchóide, ré seo na héagóra.

Is bhain *Stalin,* aintiarna an uafáis,
fuil an díoltais asam
as a mhíghníomhartha a nochtadh.

Ach as créachtaí mo bháis tiocfaidh
sileadh focail, tuile thréan na fírinne
a dhéanfas é a dhamnú go síoraí.

Tugaim dúshlán an tíoránaigh
a chuir chosc ar mo shaothar.
Canfar mo dhán is a ainm siúd i léig.

Cailín Aimsire

Ag siúl amuigh ar maidin
ceo bog an tsamhraidh
chomh sochmaidh mín
le fionnadh coinín
nó leis an línéadach,
úr, cumhra, grástúil,
a leagaim go cúramach
ar leabaidh shúgach an tsagairt.

Go Díreach le Bheith Dúchasach

Bheinn beo
ar bhiolar is ar shamhadh
i mám do mhása
is d'ardóinn bratach
na bpiteog, a chroí,
ar chrann scóide do bhoid
i mBáidín Fhéilimí.

LESBOS

Mise an fharraige:
Buitseachán mná,
'sí an spéir mo ghrá geal,
m'aingeal na boige.

Déanaim í a mhuirniú
leis an ghal teasa seo
a éiríonn ó mo bhléin
go hainmhianach.

Déanann sise
mé a phógadh go díograiseach
leis na deora solais
a thiteann go flúirseach
óna réghnúis
réaltógach.

Ceist

An gcaithfidh mé mo shaol ar an ealaín seo
ag cur focail i gceann a chéile le hiad
a spreagadh i ndúil is go gcanfaidh siad
amhrán a n-ansmachta amach go beo.

An gcaithfidh mé ar fhoghlaim mé le mo linn
a ligean i ndíchuimhne, múnlú m'aigne
a chuir dá threo, béas is béascna mo dhaoine
a dhiúltú sula nochtfar a bhfuil i gcúl mo chinn.

An gcaithfidh mé blaosc na céille a réabadh
sula gcluinfidh mé, sula bhfeicfidh mé
an saol as an nua, sula mblaisfidh mé
an Briathar sa chruth go dtig liom é a athchruthú.

Nótaí

Do Christopher Isherwood (1904–1986)
Scríbhneoir Sasanach. Seo dán ómóis a chum mé i ndiaidh domh cuairt a thabhairt ar an teach i mBeirlin ina raibh cónaí ar Christopher Isherwood agus é ag cur faoi sa chathair sin i dtús na dtríochaidí. Thug sé Beirlin na mblianta úd, Beirlin na gcabaret aeracha, Beirlin an drabhláis is an tsóláis, Beirlin trioblóideach na Naitsithe, chun solais ina dhá úrscéal chumhachtacha *Mr Norris Changes Trains* (1935) agus *Goodbye to Berlin* (1938). Do homaighnéasaigh na linne úd, bhí Beirlin ina thearmann anama acu. Bhí glacadh leo agus áiteacha ar fud na cathrach a rinne freastal ar a gcineál.
Nuair a tháinig Hitler i gcumhacht chuir sé deireadh leis an dearcadh leathan, móraigeanta, liobrálach ar chúrsaí gnéis a bhí le fáil i mBeirlin. Chuaigh Isherwood agus a chara, W.H. Auden ar imirce go Meiriceá sa bhliain 1939, áit ar chónaigh siad agus ar shaothraigh siad a mbeatha an chuid eile dá saol. D'éag Christopher Isherwood i gCalifornia i mí Eanáir 1986.

Teanga an Ghleanna
Nach tubaisteach agus nach truacánta mar a thig meath ar theanga, mar a chailleann sí a greim agus a gradam i mbéalaibh na ndaoine, mar a thugann siad a gcúl léithi amhail is gur rud gan mhaith í. Tchím an tréigbheáil sin thart orm le mo linn agus goilleann sé orm. Anseo san áit ar tógadh mé, níl an teangaidh chomh leitheadach anois ná chomh láidir céanna agus a bhíodh sí le linn m'óige. Má leanann an meath, an sleamhnú seo is gearr nach mbeidh sí ina teanga phobail anseo a thuilleadh.
I dtaca leis an tsraith seo ina bhfuil iarracht den chaoineadh is den cheiliúradh; den aoradh is den mhóradh, theastaigh uaim snaidhm na héigse a chur ar smaointe áirithe a bhí amach is isteach i m'aigne is ag déanamh buartha domh.

Fulacht Fiadh/*Something Fishy*:
Dhá chaifé ar shráidbhaile an Fháil Charraigh. Freagraíonn siad go maith do mheon aigne na Gaeltachta, an rud dúchasach agus an rud deoranta caite i gceann a chéile.

Baile an Gheafta:
Aisteach go leor 'Gaytown' a thugtar ar an bhaile bheag fearainn seo ar an léarscáil ordanáis. Casadh corr a cuireadh sa teangaidh i bhfad sula raibh ciall ár linne leis an fhocal 'gay'.

Na Saighneáin
Tháinig na dánta seo chugam as a stuaim féin i ndeireadh an Mhárta agus i dtús an Aibreáin i mbliana. Thiocfadh leat a rá go dtáinig siad as béal an aeir. Ní raibh ormsa ach cluas éisteachta a thabhairt don ghuth a bhí á gcanadh. Tuigim do Pessoa. Tá duibheagáin do-inste ionainn ar fad agus iad ag cur thar maoil le guthanna rúnda atá ag iarraidh a theacht in uachtar. Fágaim faoi dhuine éigin eile a mbrí a ríomh.

Ag Déanamh Fómhair
'Sé atá sa rannóg seo na leaganacha leasaithe de chuid de na chéad dánta a scríobh mé. Cuid acu, níor foilsíodh go dtí seo. I dtaca leis an chuid eile acu, bhí iarracht éigin díobh i 'Miontragóid Chathrach', cnuasach beag lagbhacach a tháinig uaim i 1975; mo chéad leabhar a d'fhoilsigh Seán Ó Cuirreáin, Coimisinéir na Gaeilge mar is fearr aithne air inniu. Bhí Seán i gcónaí éirimiúil agus éifeachtach, tréithe atá ag fónamh dó na laethanta seo ina chúram tromchúiseach, agus é ag seasamh a ceart don Ghaeilge.

Yevtushenko
Tá an dán seo bunaithe a bheag nó a mhór ar dhán de chuid Yevgeny Yevtushenko (1943-), file clúiteach de chuid na Rúise. Bhí leagan den dán céanna i 'Miontragóid Chathrach'.

Cathal Ó Searcaigh

Ar na leabhair is déanaí uaidh tá *Seal i Neipeal* (Cló Iar-Chonnachta, 2004), *Oíche Dhrochghealaí*, dráma (Coiscéim, 2005), *Mairimid Leis na Mistéirí agus Drámaí Eile* (Arlen House, 2006), *Gúrú i gClúidíní* (Cló Iar-Chonnachta, 2006), *Light on Distant Hills: A Memoir* (Simon & Schuster, 2009), *An tAm Marfach ina Mairimid* (Arlen House, 2011), *Pianó Mhín na bPréachán* (Cló Iar-Chonnacht, 2011) agus *Aimsir Ársa* (Arlen House, 2013), bronnadh Duais an Oireachtais ar an tsaothar seo (2013). Eagarthóir, *The Other Tongues* (Irish Pages, 2013) agus *Margadh na Míol i Valparaiso: Dánta Ghabriel Rosenstock* (CIC, 2013).

Bhuaigh sé *The Irish Times Literature Award* i 2000 agus bronnadh *The Ireland Fund Literary Award* air i 2007 as feabhas a shaothair i nGaeilge. Roghnaíodh *By the Hearth in Mín a' Leá* (Arc Publications, 2005) mar *Poetry Book Society Recommended Translation* sa Bhreatain i 2006. Is é eagarthóir Gaeilge *Irish Pages* é. Tá cónaí air i Mín a' Leá faoi scáth na hEargala i dTír Chonaill. Tá sé ina bhall d'Aosdána.

Ian Joyce

Ealaíontóir a bhfuil cáil idirnáisiúnta bainte amach aige. Tá cónaí air i Mín a' Leá, áit ar bhunaigh sé féin agus a bhean chéile, Oona Hyland, Cló Ceardlann na gCnoc. Seo Ceardlann a thugann seans d'ealaíontóirí as gach cearn den tsaol a theacht agus seal ama a chaitheamh sa Ghaeltacht ag saothrú, ag smaoineamh, ag trial is ag tionscnamh. Bhí "Ag Tabhairt m'Aghaidh ar An Oirthear" taispeántas dá shaothar úr sa Barry Rooms, Taipai, príomhchathair Taiwan i dtús na bliana, 2013, áit ar chaith Ian é féin tréimhse mar ealaíontóir cónaithe.